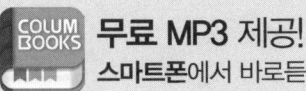 **무료 MP3 제공!**
스마트폰에서 바로듣기

MP3를 듣는 가장 스마트한 방법
콜롬북스어플로 스마트폰에서 바로 들을 수 있어요. (동영상 강의 및 MP3)

1. 앱스토어 또는 구글플레이 스토어에서 '콜롬북스' 다운로드 및 설치
2. 회원가입이 없으니 바로 원하는 도서 검색 MP3 다운로드 / 듣기

 콜롬북스를 설치하세요.

안드로이드   아이폰

알 아 두 기

- 파일을 다운로드시 Wifi 환경을 권장합니다.
- 통신망 이용 시 사용하시는 요금제에 따라 요금이 부과될 수 있음을 알려드립니다.
- 운영체제에 따라 지원되는 기능이 상이합니다.(스토어에 있는 어플 설명 참조)

열정이 가득한 초심자의 마음으로,
독자와 함께 성장하는 지식의 나무가 되겠습니다.

영어는 뻔한 패턴의 반복이다 advanced

영어는 뻔한 패턴의 advanced 반복이다

초판 발행	2016년 08월 31일
초판 6쇄	2020년 11월 05일
저자	자하연
발행인	이진곤
발행처	씨앤톡
등록일자	2003년 5월 22일
등록번호	제 313-2003-00192호
ISBN	978-89-6098-458-5 (13740)
주소	경기도 파주시 문발로 405 제2출판단지 씨앤톡 사옥 3층
홈페이지	www.seentalk.co.kr
전화	02-338-0092
팩스	02-338-0097

ⓒ 2016, 자하연

본 책은 저작권법에 의해 보호를 받는 저작물이므로 무단 전재와 복제를 금합니다.

영어는 뻔한 패턴의 반복이다 advanced

preface

영어가 빨리 늘지 않아 답답하죠?

단어와 숙어, 문법, 독해… 심지어 회화까지!
외워야 하는 건 왜 이렇게 많을까요?
수년에 걸쳐 영어를 배우고 익히는 데도 실력은 매일 제자리지요.

영어는 언어입니다. 언어는 패턴으로 이루어져 있지요.
패턴을 이해하면 읽기와 듣기, 쓰기와 말하기에 자신감이 생겨요.
패턴을 응용하면 영어 사용에 탄력이 붙어 빠른 시간 안에 효과를 볼 수 있지요.

이 책은 영어울렁증을 가진 초보 독자와 정리된 영어 패턴을 통해 실력을 한 단계 업그레이드하고 싶은 독자를 위한 책입니다.

영어는 패턴입니다.

	문법의 단어의	기초를 닦습니다. 쓰임을 이해합니다.
패턴으로	듣기 읽기 말하기 쓰기	에 자산감이 생깁니다.

이 책에 수록된 100개의 패턴만 기억해도 영어 실력은 눈에 띄게 향상될 거예요.
이제 여러분의 영어 실력을 한층 더 튼튼하게 만들어줄 패턴 영어를 만나보세요!

항상 변함없이 믿어주시는 씨앤톡 출판사 이진곤 대표님과 임직원 분들께 깊은 감사를 드립니다.

2016년 8월, 자하연.

활용 방법 탐구

외국어를 습득하는 가장 좋은 방법은 반복입니다.
하지만 일반적인 반복 학습은 시간이 많이 걸린다는 단점이 있지요.
패턴으로 영어를 반복 학습하면 학습 시간을 줄일 수 있어요.
훨씬 쉽고 재미있게 영어를 배우는 거지요.
패턴이 적용된 문장을 익히고,
이 문장을 응용해 사용하다보면 어느새 회화까지 쉬워질 거예요.

패턴이 내 것이 되는 순간, 영어가 쉬워집니다.
이제 패턴 학습으로 영어에 대한 자신감을 높이세요.

생각한 문장이 영어로 톡 튀어나올 때까지 반복해서 학습하는 것이 중요해요.
지금 당장 소리 내 패턴을 말해보세요!

구성과 특징 탐구

이 책에 수록된 100개의 패턴은 지금 당장이라도 사용할 수 있도록 활용도가 높은 표현들로 구성되어 있어요.
핵심 패턴들은 **step1**과 **step2**로 나뉘어 있고,
각 패턴마다 다섯 개의 문장이 회색 박스 안에 들어 있어요.

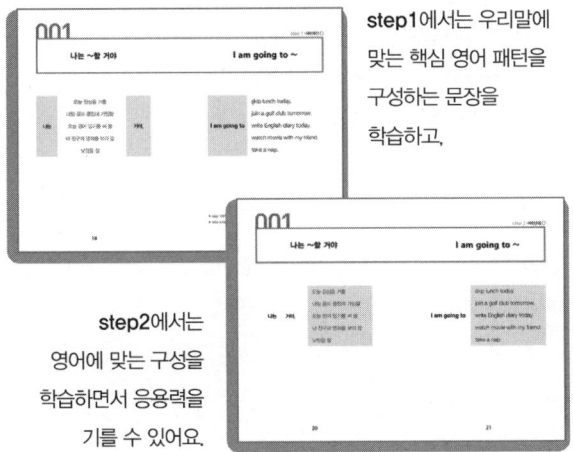

step1에서는 우리말에 맞는 핵심 영어 패턴을 구성하는 문장을 학습하고,

step2에서는
영어에 맞는 구성을
학습하면서 응용력을
기를 수 있어요.

패턴의 구성

이 책에서는 100개의 핵심 패턴을 아래와 같이 다섯 가지로 분류했어요.

01 **동사**와 결합하는 패턴
02 **동명사**와 결합하는 패턴
03 **명사/대명사**와 결합하는 패턴
04 **형용사/부사/분사**와 결합하는 패턴
05 **문장**과 결합하는 패턴
06 확장 패턴
07 기타 패턴

각 패턴의 문장을 자세히 살펴보고 핵심 어휘와 관련된 표현들을 이해하며 학습하세요.

실전 응용

이 책의 제목인 '영어는 뻔한 패턴의 반복이다 Advanced'에서
알 수 있듯이 이 책의 핵심은 '패턴'과 '반복'이에요.
영어 학습을 할 때 이렇게 응용해보세요.

1 우리가 자주 쓰는 문장을 떠올려보세요.
2 이 표현에 해당하는 영어 문장을 찾아보세요.
3 그대로 소리 내 읽어보세요.
4 영어 문장을 영어의 어순대로 우리말로 바꿔보세요.
5 생각한 문장이 맞는지 확인해보세요.
6 이제 다른 표현으로 문장을 만들어보세요.

어때요? 이제 영어 학습에 자신감이 붙지 않았나요?

contents

01 동사와 결합하는 패턴   16

001 나는 ~할 거야	I am going to ~	18
002 기꺼이 ~하겠습니다	I'm willing to ~	22
003 잊지 말고 ~해	Don't forget to ~	26
004 부담 갖지 말고 ~하세요	Feel free to ~	30
005 ~할 시간이야	It's time to ~	34
006 언제 ~할 거니?	When are you going to ~?	38
007 ~할 계획이니?	Are you planning to ~?	42
008 그는 ~인 것 같다 / 그는 ~해 보인다	He seems to ~	46
009 ~할 수 있다 / ~하는 것은 가능하다	It is possible to ~	50
010 ~하는 것이 중요해	It's important to ~	54
011 ~하는 것은 좋은 생각이야	It's a good idea to ~	58
012 ~하는 것은 어려워 / 힘들어	It's difficult to ~	62
013 ~하는 것은 불가능해	It is impossible to ~	66
014 ~하기가 너무 힘들어	It's so hard to ~	70
015 나는 규칙적으로 ~해	I make it a rule to ~	74

016	~하는 것이 가능하다고 생각해	I think it possible to ~	78
017	꼭/반드시 ~해	Make sure to ~	82
018	네가 ~하면 좋겠어	I want you to ~	86
019	그는 나에게 ~하라고 요구했다	He asked me to ~	90
020	그는 나를 설득해서 ~하게 했다	He persuaded me to ~	94
021	간신히 ~했어	I managed to ~	98
022	~할 필요 없어	There's no need to ~	102
023	~해야 할 것 같아	I think I should ~	106
024	~해야 합니까?	Do I have to ~?	110
025	~할 수 밖에 없다	I have no choice but to ~	114
026	언제 ~할 예정이니?	When do you expect to ~?	118
027	정말 ~하고 싶어	I'm dying to ~	122
028	~할 준비가 되셨나요?	Are you ready to ~?	126
029	왜 ~하지 않니? / 왜 ~할 수 없니? / 왜 ~하지 못하니? Why can't you ~?		130
030	~할 방법이 있나요?	Is there any way to ~?	134
031	어떻게 ~하죠? / 어떻게 ~할 수 있죠? How can I ~?		138
032	그는 결코 ~할 사람이 아니다	He is the last man to ~	142
033	얼마나 ~했니?	How much did you ~?	146
034	넌 ~만 하면 돼	All you have to do is ~	150
035	A는 ~하는 것이다	A is to ~	154
036	~할 만큼 어리석지 않다	know better than to ~	158

02 동명사와 결합하는 패턴 — 162

037	~하는 게 어때?	What do you say to ~?	164
038	~하고 싶어	I feel like ~	168
039	~하고 싶어	I look forward to ~	172
040	그는 ~하는 데 익숙해	He is used to ~	176
041	~하는 데 애를 먹었어	I had difficulty ~	180
042	~하느라 바빠	I'm busy ~	184
043	~해봐야 소용없어	It is no use ~	188
044	~하지 않을 수 없었어	I could not help ~	192
045	~할 만한 가치가 있다	is/are worth ~	196
046	나는 ~하면서 시간을 보내	I spend ~	200
047	~해도 될까요?	Do you mind my ~?	204
048	~할까 생각 중이야	I'm thinking about ~	208
049	난 ~하는 데 익숙하지 않아	I'm not used to ~	212
050	그는 ~하는 습관이 있다	He is in the habit of ~	216

03 명사/대명사와 결합하는 패턴 — 220

051	~이 있나요?	Is there ~?	222
052	~에 대한 준비가 됐니?	Are you ready for ~?	226
053	난 ~에 반대해	I'm against ~	230
054	난 ~에 만족해	I'm happy with ~	234
055	~하게도	To my ~	238

04 형용사/부사/분사와 결합하는 패턴   242

056 그는 ~해 보여	He looks ~	244
057 왜 그렇게 ~해?	Why are you so ~?	248
058 가능한 한 ~한 / 하게	as ~ as possible	252
059 결코 ~해 본 적이 없다	I've never ~	256
060 너는 ~했어야 했는데	You should have ~	260
061 그는 틀림없이 ~했다	He must have ~	264
062 그녀는 ~했을지도 몰라	She may have ~	268
063 넌 ~할 필요가 없었다	You needn't have ~	272
064 그가 ~했을 리가 없다 / 그가 ~이었을 리가 없다		
	He cannot have ~	276

05 문장과 결합하는 패턴   280

065 ~일지 모르겠다	I wonder if ~	282
066 ~인지 / 일지 모르겠어	I don't know if ~	286
067 ~해도 될까요?	Is it okay if ~?	290
068 ~해도 될까?	Do you mind if ~?	294
069 유감스럽지만~	I'm afraid that ~	298
070 ~일 것 같다 / ~할 가능성이 있다		
	It is likely that ~	302
071 ~인 것 같다 / ~처럼 보인다	It seems that ~	306
072 ~라고 한다	It is said that ~	310

073	~에 동의하니?	Do you agree that ~?	314
074	~라고 생각하지 않니?	Don't you think that ~?	318
075	~한 이유를 알고 싶어	I want to know the reason why ~	322
076	~하는 방식이 마음에 들지 않아	I don't like the way ~	326
077	~은 사실이다	It is true that ~	330
078	~해야 할 필요가 있다	It is necessary that ~	334
079	언제 ~할 거라고 생각해?	When do you think ~?	338
080	만약 ~라면 어떻게 되나요?	What would happen if ~?	342
081	그녀는 마치 ~처럼 말한다	She talks as if ~	346
082	~라면 좋을 텐데	I wish ~	350

06 확장 패턴　　　　　　　　　　　　354

083	알고 싶어	I want to know ~	356
084	아니? / 알고 있니?	Do you know ~?	360
085	~을 알려 주시겠어요?	Can you tell me ~?	364
086	~을 알려줘	Let me know ~	368
087	~이 / 가 걱정이다 / ~할까 봐 걱정이다	I'm worried about~	372
088	난 ~에 빠져있다	I'm really into~	376
089	~한 / 할 어떤 것이 있습니까?	Is there anything ~?	380
090	~는 …와 다르다	~ is different from …	384

07 기타 패턴 388

091	나를 ~하게 만들지 마	Don't make me ~	390
092	난 …보다 ~가 더 좋아	I prefer ~ to …	394
093	~이 / 가 궁금해	I'm curious about ~	398
094	난 ~이 두려워	I'm scared of ~	402
095	너무 ~해서 …할 수 없다 / 없었다	too ~ to …	406
096	A가 ~할 수 있도록	so that A can ~	410
097	그는 ~할 만큼 …해 / 했어	He is/was … enough to ~	414
098	A는 B만큼 ~하다	A is as ~ as B	418
099	A는 B보다 더 ~하다 / ~했다	A is/was more ~ than B	422
100	~한 것은 …다 / …이었다	It is/was … that ~	426

001 I am going to ~	**023** I think I should ~
002 I'm willing to ~	**024** Do I have to ~?
003 Don't forget to ~	**025** I have no choice but to ~
004 Feel free to ~	**026** When do you expect to ~?
005 It's time to ~	**027** I'm dying to ~
006 When are you going to ~?	**028** Are you ready to ~?
007 Are you planning to ~?	**029** Why can't you ~?
008 He seems to ~	**030** Is there any way to ~?
009 It is possible to ~	**031** How can I ~?
010 It's important to ~	**032** He is the last man to ~
011 It's a good idea to ~	**033** How much did you ~?
012 It's difficult to ~	**034** All you have to do is ~
013 It is impossible to ~	**035** A is to ~
014 It's so hard to ~	**036** know better than to ~
015 I make it a rule to ~	
016 I think it possible to ~	
017 Make sure to ~	
018 I want you to ~	
019 He asked me to ~	
020 He persuaded me to ~	
021 I managed to ~	
022 There's no need to ~	

01

동사와
결합하는
패턴

나는 ~할 거야

| 나는 | 오늘 점심을 거를
내일 골프 클럽에 가입할
오늘 영어 일기를 써 볼
내 친구와 영화를 보러 갈
낮잠을 잘 | 거야. |

step 1 • 패턴확인 □

I am going to ~

	skip lunch today.
	join a golf club tomorrow.
I am going to	write English diary today.
	watch movie with my friend.
	take a nap.

- skip 거르다, 건너뛰다
- take a nap 낮잠 자다

나는 ~할 거야

나는 　 거야.

오늘 점심을 거를

내일 골프 클럽에 가입할

오늘 영어 일기를 써 볼

내 친구와 영화를 보러 갈

낮잠을 잘

step 2 • 패턴응용

I am going to ~

I am going to	skip lunch today.
	join a golf club tomorrow.
	write English diary today.
	watch movie with my friend.
	take a nap.

기꺼이 ~하겠습니다

기꺼이

그 돈을 지불하겠습니다.

그것을 증명하겠습니다.

그것을 참고 견디겠습니다.

그녀를 위해 죽겠습니다.

그것을 받아들이겠습니다.

step 1 • 패턴확인 ☐

I'm willing to ~

	pay the money.
	prove it.
I'm willing to	put up with that.
	die for her.
	accept it.

- put up with 참다. 참고 견디다

002

기꺼이 ~하겠습니다

기꺼이

그 돈을 지불하겠습니다.

그것을 증명하겠습니다.

그것을 참고 견디겠습니다.

그녀를 위해 죽겠습니다.

그것을 받아들이겠습니다.

step 2 • 패턴응용

I'm willing to ~

I'm willing to	pay the money.
	prove it.
	put up with that.
	die for her.
	accept it.

003

잊지 말고 ~해

잊지 말고

안전띠를 매.

나에게 답장 해.

나에게 사본을 보내.

양치를 해.

나에게 그것을 상기시켜 줘.

step 1 • 패턴확인 □

Don't forget to ~

Don't forget to
- fasten your seatbelt.
- write back to me.
- send me a copy.
- brush your teeth.
- remind me of that.

- write back 답장을 쓰다
- remind A of B A에게 B를 상기시키다

잊지 말고 ~해

잊지 말고

안전띠를 매.

나에게 답장 해.

나에게 사본을 보내.

양치를 해.

나에게 그것을 상기시켜 줘.

step 2 • 패턴응용

Don't forget to ~

Don't forget to
- fasten your seatbelt.
- write back to me.
- send me a copy.
- brush your teeth.
- remind me of that.

부담 갖지 말고 ~하세요

부담 갖지 말고	우리에게 연락하세요.
	질문하세요.
	둘러보세요.
	저에게 전화하세요.
	저에게 오세요.

step 1 • 패턴확인 □

Feel free to ~

Feel free to	contact us.
	ask questions.
	look around.
	call me.
	come to me.

- look around 둘러보다

부담 갖지 말고 ~하세요

부담 갖지 말고	우리에게 연락하세요. 질문하세요. 둘러보세요. 저에게 전화하세요. 저에게 오세요.

step 2 • 패턴응용

Feel free to ~

Feel free to
- contact us.
- ask questions.
- look around.
- call me.
- come to me.

~할 시간이야

잠자리에 들

일어날

메시지를 보낼   **시간이야.**

네 숙제를 할

집에 갈

step 1 • 패턴확인 □

It's time to ~

It's time to
- go to bed.
- wake up.
- send a message.
- do your homework.
- go home.

~할 시간이야

시간이야.

잠자리에 들

일어날

메시지를 보낼

네 숙제를 할

집에 갈

step 2 • 패턴응용

It's time to ~

It's time to
- go to bed.
- wake up.
- send a message.
- do your homework.
- go home.

언제 ~할 거니?

언제		거니?
	사실을 말할	
	그 계획을 실행에 옮길	
	그 오페라 공연 입장권을 살	
	그 소녀와 결혼할	
	깨진 창문을 고칠	

step 1 • 패턴확인 ☐

When are you going to ~?

When are you going to
- tell the truth?
- put the plan into practice?
- buy the tickets for the opera?
- marry the girl?
- mend the broken window?

- put A into practice A를 실행에 옮기다

언제 ~할 거니?

언제	**(~할) 거니?**	사실을 말할
		그 계획을 실행에 옮길
		그 오페라 공연 입장권을 살
		그 소녀와 결혼할
		깨진 창문을 고칠

step 2 • 패턴응용

When are you going to ~?

When are you going to	tell the truth?
	put the plan into practice?
	buy the tickets for the opera?
	marry the girl?
	mend the broken window?

~할 계획이니?

조만간 결혼할

기타 레슨을 받을

이번 여름에 나를 방문할   **계획이니?**

이번 겨울에 스노보드를 타러 갈

다음 주에 투표할

step 1 • 패턴확인 □

Are you planning to ~?

Are you planning to

marry soon?

take guitar lessons?

visit me this summer?

go snowboarding this winter?

vote next week?

~할 계획이니?

계획이니?	조만간 결혼할
	기타 레슨을 받을
	이번 여름에 나를 방문할
	이번 겨울에 스노보드를 타러 갈
	다음 주에 투표할

step 2 • 패턴응용 □

Are you planning to ~?

Are you planning to
- marry soon?
- take guitar lessons?
- visit me this summer?
- go snowboarding this winter?
- vote next week?

그는 ~인 것 같다
그는 ~해 보인다

그는		보인다.
	행복해	
	다른 사람들에게 친절해	
	그것에 대해 모든 것을 아는 듯해	
	그것을 잊은 듯해	
	모든 것이 괜찮다는 것을 아는 듯해	

step 1 • 패턴확인 □

He seems to ~

He seems to	be happy.
	be nice to others.
	know everything about it.
	have forgotten it?
	know that everything is fine.

그는 ~인 것 같다
그는 ~해 보인다

그는　　보인다.
- 행복해
- 다른 사람들에게 친절해
- 그것에 대해 모든 것을 아는 듯해
- 그것을 잊은 듯해
- 모든 것이 괜찮다는 것을 아는 듯해

step 2 • 패턴응용

He seems to ~

He seems to	be happy.
	be nice to others.
	know everything about it.
	have forgotten it?
	know that everything is fine.

~할 수 있다
~하는 것은 가능하다

버스로 그곳에 갈

그것을 동시에 할   **수 있다.**

컴퓨터로 책을 디자인 할

이것을 입증하는 것은   **가능하다.**

모든 형태의 질병을 예방하는 것은

step 1 • 패턴확인 ☐

It is possible to ~

It is possible to	get there by bus.
	do that simultaneously.
	design books by computer.
	verify this.
	prevent every form of disease.

009

~할 수 있다
~하는 것은 가능하다

수 있다.
- 버스로 그곳에 갈
- 그것을 동시에 할
- 컴퓨터로 책을 디자인 할

가능하다.
- 이것을 입증하는 것은
- 모든 형태의 질병을 예방하는 것은

step 2 • 패턴응용

It is possible to ~

It is possible to	get there by bus.
	do that simultaneously.
	design books by computer.
	verify this.
	prevent every form of disease.

010

~하는 것이 중요해

열심히 공부하는

네 일을 사랑하는

다른 사람들을 배려하는   **것이 중요해.**

많은 물을 마시는

시간을 생산적으로 사용하는

step 1 • 패턴확인 ☐

It's important to ~

It's important to
- study hard.
- love your work.
- consider other people.
- drink a lot of water.
- spend your time productively.

010

~하는 것이 중요해

것이 중요해.

열심히 공부하는

네 일을 사랑하는

다른 사람들을 배려하는

많은 물을 마시는

시간을 생산적으로 사용하는

step 2 • 패턴응용

It's important to ~

It's important to
- study hard.
- love your work.
- consider other people.
- drink a lot of water.
- spend your time productively.

011

~하는 것은 좋은 생각이야

사전에 계획을 세우는

매일 운동을 하는

년 2회 치과 진료를 받는   **것은 좋은 생각이야.**

많은 과일과 채소를 먹는

근처 공원에 소풍을 가는

step 1 • 패턴확인 □

It's a good idea to ~

It's a good idea to
- plan ahead.
- get some exercise every day.
- see your dentist twice a year.
- eat lots of fruits and vegetables.
- have a picnic at the nearby park.

011

~하는 것은 좋은 생각이야

것은 좋은 생각이야.

사전에 계획을 세우는

매일 운동을 하는

년 2회 치과 진료을 받는

많은 과일과 채소를 먹는

근처 공원에 소풍을 가는

step 2 • 패턴응용

It's a good idea to ~

It's a good idea to
- plan ahead.
- get some exercise every day.
- see your dentist twice a year.
- eat lots of fruits and vegetables.
- have a picnic at the nearby park.

012

~하는 것은 어려워/힘들어

그 책을 끝내는

그 프로그램을 분류하는

완고한 사람을 설득하는 **것은 어려워.**

외모로 쌍둥이를 구별하는

큰 수입 없이 여기서 사는

step 1 • 패턴확인 □

It's difficult to ~

	finish the book.
	classify the program.
It's difficult to	persuade an obstinate person.
	tell the twins by their appearance.
	live here without a big income.

- classify 분류하다
- obstinate 완고한, 고집 센
- appearance 외모
- income 수입, 소득

012

~하는 것은 어려워/힘들어

것은 어려워.

그 책을 끝내는

그 프로그램을 분류하는

완고한 사람을 설득하는

외모로 쌍둥이를 구별하는

큰 수입 없이 여기서 사는

It's difficult to ~

It's difficult to
- finish the book.
- classify the program.
- persuade an obstinate person.
- tell the twins by their appearance.
- live here without a big income.

013

~하는 것은 불가능해

물 없이 사는

미래를 예측하는

날씨를 통제하는

이 강을 수영해서 건너는

신념을 감정과 분리하는

것은 불가능해.

step 1 • 패턴확인 ☐

It is impossible to ~

It is impossible to
- live without water.
- predict the future.
- control the weather.
- cross this river by swimming.
- separate belief from emotion.

013

~하는 것은 불가능해

것은 불가능해.

물 없이 사는

미래를 예측하는

날씨를 통제하는

이 강을 수영해서 건너는

신념을 감정과 분리하는

step 2 • 패턴응용

It is impossible to ~

It is impossible to
- live without water.
- predict the future.
- control the weather.
- cross this river by swimming.
- separate belief from emotion.

014

~하기가 너무 힘들어

그것을 설명하기가

요즘은 취업하기가

수지 균형을 맞추기가   **너무 힘들어.**

파티 후에 청소하기가

담배를 끊기가

step 1 • 패턴확인 □

It's so hard to ~

	explain it.
	get a job these days.
It's so hard to	make both ends meet.
	sweep up after a party.
	stop smoking.

- make both ends meet 수입과 지출의 균형을 맞추다

014

~하기가 너무 힘들어

너무 힘들어.

그것을 설명하기가

요즘은 취업하기가

수지 균형을 맞추기가

파티 후에 청소하기가

담배를 끊기가

step 2 • 패턴응용

It's so hard to ~

It's so hard to	explain it.
	get a job these days.
	make both ends meet.
	sweep up after a party.
	stop smoking.

015

나는 규칙적으로 ~해

나는 규칙적으로

매일 아침 조깅을 해.

매일 아침 6시에 일어나.

일 년에 한 번 건강 검진을 해.

11시에 잠자리에 들어.

아침 식사 전에 한 시간씩 산책을 해.

step 1 • 패턴확인 □

I make it a rule to ~

I make it a rule to	go jogging every morning.
	get up at six every morning.
	have a medical check-up once a year.
	go to bed at 11 o'clock.
	take an hour's walk before breakfast.

- medical check-up 건강 검진

015

나는 규칙적으로 ~해

나는 규칙적으로

매일 아침 조깅을 해.

매일 아침 6시에 일어나.

일 년에 한 번 건강 검진을 해.

11시에 잠자리에 들어.

아침 식사 전에 한 시간씩 산책을 해.

step 2 • 패턴응용

I make it a rule to ~

I make it a rule to	go jogging every morning.
	get up at six every morning.
	have a medical check-up once a year.
	go to bed at 11 o'clock.
	take an hour's walk before breakfast.

016

~하는 것이 가능하다고 생각해

내일까지 그것을 끝마치는

그것을 극복하는

나는 시험에 합격하는

나는 너의 도움 없이 그 문제를 푸는

마감일까지 논문을 제출하는

것이 가능하다고 생각해.

step 1 • 패턴확인 □

I think it possible to ~

I think it possible to

finish it until tomorrow.

overcome that.

pass the exam.

solve the problem without your help.

hand in the paper by the due date.

016

~하는 것이 가능하다고 생각해

것이 가능하다고 생각해.

내일까지 그것을 끝마치는

그것을 극복하는

나는 시험에 합격하는

나는 너의 도움 없이 그 문제를 푸는

마감일까지 논문을 제출하는

step 2 • 패턴응용

I think it possible to ~

I think it possible to	finish it until tomorrow. overcome that. pass the exam. solve the problem without your help. hand in the paper by the due date.

017

꼭/반드시 ~해

꼭	네 여동생을 데리고 와. 선크림을 발라. 나갈 때 불을 꺼. 우산을 가져 와. 손을 자주 씻어.

Make sure to ~

Make sure to
- bring your sister.
- wear sunscreen.
- turn off the lights when you leave.
- bring an umbrella.
- wash your hands frequently.

017

꼭/반드시 ~해

꼭	네 여동생을 데리고 와.
	선크림을 발라.
	나갈 때 불을 꺼.
	우산을 가져 와.
	손을 자주 씻어.

step 2 • 패턴응용

Make sure to ~

Make sure to	bring your sister.
	wear sunscreen.
	turn off the lights when you leave.
	bring an umbrella.
	wash your hands frequently.

018

네가 ~하면 좋겠어

| 네가 | 그에게 물어봤으면
깨어 있으면
이곳에 머물렀으면
날 신뢰하면
날 친구로 기억하면 | 좋겠어. |

step 1 • 패턴확인

I want you to ~

I want you to	ask him.
	stay awake.
	stay here.
	trust me.
	remember me as a friend.

018

네가 ~하면 좋겠어

		그에게 물어봤으면
		깨어 있으면
네가	좋겠어.	이곳에 머물렀으면
		날 신뢰하면
		날 친구로 기억하면

step 2 • 패턴응용

I want you to ~

I want you to
- ask him.
- stay awake.
- stay here.
- trust me.
- remember me as a friend.

019

그는 나에게 ~하라고 요구했다

| 그는 나에게 | 그와 결혼해 달라고
이 일을 하라고
그와 함께 가자고
담배를 끊으라고
자신의 개를 돌봐달라고 | 요구했다. |

step 1 • 패턴확인

He asked me to ~

He asked me to
- marry him.
- do this job.
- go with him.
- stop smoking.
- look after his dog.

019

그는 나에게 ~하라고 요구했다

그는 나에게 요구했다.

- 그와 결혼해 달라고
- 이 일을 하라고
- 그와 함께 가자고
- 담배를 끊으라고
- 자신의 개를 돌봐달라고

step 2 • 패턴응용

He asked me to ~

He asked me to	marry him.
	do this job.
	go with him.
	stop smoking.
	look after his dog.

020

그는 나를 설득해서 ~하게 했다

| 그는 나를 설득해서 | 오게
집에 머물게
병원에 가게
그 사실을 말하게
자신의 중고차를 사게 | 했다. |

step 1 • 패턴확인 □

He persuaded me to ~

He persuaded me to	come.
	stay home.
	go to hospital.
	tell the truth.
	buy his used car.

020

그는 나를 설득해서 ~하게 했다

그는 나를 설득해서 **했다.**

오게

집에 머물게

병원에 가게

그 사실을 말하게

자신의 중고차를 사게

step 2 • 패턴응용

He persuaded me to ~

He persuaded me to	come.
	stay home.
	go to hospital.
	tell the truth.
	buy his used car.

021

간신히 ~했어

간신히	5만원을 모았어. 내 차를 팔았어. 제 시간에 그 일을 끝냈어. 그 문제를 처리했어. 우리 부모님을 설득했어.

step 1 • 패턴확인

I managed to ~

I managed to
- collect 50,000 won.
- sell my car.
- finish the work in time.
- deal with the problem.
- persuade my parents.

021

간신히 ~했어

간신히

5만원을 모았어.

내 차를 팔았어.

제 시간에 그 일을 끝냈어.

그 문제를 처리했어.

우리 부모님을 설득했어.

step 2 • 패턴응용

I managed to ~

I managed to	collect 50,000 won.
	sell my car.
	finish the work in time.
	deal with the problem.
	persuade my parents.

~할 필요 없어

서두를

나에게 그것에 대해 말할

어린 아이처럼 울   **필요 없어.**

그에 대해 걱정할

내게 고마워할

step 1 • 패턴확인 □

There's no need to ~

There's no need to	hurry.
	tell me about it.
	cry like a baby.
	worry about him.
	thank me.

022

~할 필요 없어

	서두를
	나에게 그것에 대해 말할
필요 없어.	어린 아이처럼 울
	그에 대해 걱정할
	내게 고마워할

step 2 • 패턴응용 □

There's no need to ~

There's no need to	hurry.
	tell me about it.
	cry like a baby.
	worry about him.
	thank me.

023

~해야 할 것 같아

뭔가 말해야

여기 머물러야

직접 그를 만나야   **할 것 같아.**

너에게 뭔가를 보여줘야

병원에 가야

step 1 • 패턴확인

I think I should ~

I think I should	say something.
	stay here.
	meet him in person.
	show you something.
	go to the hospital.

023

~해야 할 것 같아

할 것 같아.

뭐가 말해야

여기 머물러야

직접 그를 만나야

너에게 뭔가를 보여줘야

병원에 가야

step 2 • 패턴응용 □

I think I should ~

I think I should	say something.
	stay here.
	meet him in person.
	show you something.
	go to the hospital.

024

~해야 합니까?

기다려야	
다시 그것을 해야	
그곳에 가야	**합니까?**
노조에 가입해야	
이것을 그에게 설명해야	

step 1 • 패턴확인 □

Do I have to ~?

Do I have to

wait?

do it again?

go there?

join the labor union?

explain this to him?

- labor union 노동조합

024

~해야 합니까?

합니까?

기다려야

다시 그것을 해야

그곳에 가야

노조에 가입해야

이것을 그에게 설명해야

step 2 • 패턴응용

Do I have to ~?

Do I have to
- wait?
- do it again?
- go there?
- join the labor union?
- explain this to him?

~할 수 밖에 없다

거절할	
그의 제안을 받아들일	
널 낙제시킬	**수 밖에 없다.**
파산 신청을 할	
그의 결정을 따를	

step 1 • 패턴확인 □

I have no choice but to ~

I have no choice but to	decline.
	accept his proposal.
	flunk you.
	file for bankruptcy.
	abide by his decision.

- flunk 낙제시키다
- file for ~을 신청하다
- abide by 따르다

025

~할 수 밖에 없다

거절할

그의 제안을 받아들일

수 밖에 없다.   널 낙제시킬

파산 신청을 할

그의 결정을 따를

step 2 • 패턴응용

I have no choice but to ~

I have no choice but to

decline.

accept his proposal.

flunk you.

file for bankruptcy.

abide by his decision.

언제 ~할 예정이니?

언제		예정이니?
	이사할	
	돌아올	
	영국으로 돌아갈	
	너의 일을 끝낼	
	보고서를 제출할	

step 1 • 패턴확인 □

When do you expect to ~?

When do you expect to

move?

be back?

go back to England?

get through with your work?

submit your report?

- get through with 끝내다
- submit 제출하다

026

언제 ~할 예정이니?

언제　　　　　예정이니?

이사할

돌아올

영국으로 돌아갈

너의 일을 끝낼

보고서를 제출할

step 2 • 패턴응용 □

When do you expect to ~?

When do you expect to
- move?
- be back?
- go back to England?
- get through with your work?
- submit your report?

027

정말 ~하고 싶어

정말
그 일을 하고
그것이 보고
안에 무엇이 있는지 알고
무슨 일이 일어났는지 알고
네가 그에 대해 어떻게 생각하는지 알고
싶어.

step 1 • 패턴확인 ☐

I'm dying to ~

I'm dying to	do the work.
	see it.
	know what's inside.
	know what happened.
	know what you think of him.

027

정말 ~하고 싶어

**정말
(~하고) 싶어.**

그 일을 하고

그것이 보고

안에 무엇이 있는지 알고

무슨 일이 일어났는지 알고

네가 그에 대해 어떻게 생각하는지 알고

step 2 • 패턴응용

I'm dying to ~

I'm dying to
- do the work.
- see it.
- know what's inside.
- know what happened.
- know what you think of him.

028

~할 준비가 되셨나요?

주문할

패배를 받아들일

리포터를 시작할

무슨 일이 있었는지에 대해 말해줄

학교 댄스파티에 갈

준비가 되셨나요?

step 1 • 패턴확인 □

Are you ready to ~?

Are you ready to
- order, please?
- accept defeat?
- begin your report?
- talk about what happened?
- go to the school dance party?

028

~할 준비가 되셨나요?

준비가 되셨나요?

주문할

패배를 받아들일

리포터를 시작할

무슨 일이 있었는지에 대해 말해줄

학교 댄스파티에 갈

step 2 • 패턴응용

Are you ready to ~?

Are you ready to
- order, please?
- accept defeat?
- begin your report?
- talk about what happened?
- go to the school dance party?

029

왜 ~하지 않니?
왜 ~할 수 없니?
왜 ~하지 못하니?

왜	아무 말도 하지	않니?
	들은 대로 하질	않니?
	제 시간에 일을 끝내지	않았니?
	컴퓨터 게임을 멈출 수	없니?
	내 관점을 이해하질	못하니?

step 1 • 패턴확인 □

Why can't you ~?

Why can't you	say anything?
	do as you're told?
	have your work done on time?
	stop playing computer games?
	see my point of view?

029

왜 ~하지 않니?
왜 ~할 수 없니?
왜 ~하지 못하니

	않니?	아무 말도 하지
	않니?	들은 대로 하질
왜	않았니?	제 시간에 일을 끝내지
	없니?	컴퓨터 게임을 멈출 수
	못하니?	내 관점을 이해하질

step 2 • 패턴응용

Why can't you ~?

Why can't you
- say anything?
- do as you're told?
- have your work done on time?
- stop playing computer games?
- see my point of view?

030

~할 방법이 있나요?

그것을 단축할

그 문제를 해결할

쓰나미를 예방할   **방법이 있나요?**

우리의 우정을 보여줄

내일 아침까지 그것을 끝낼

step 1 • 패턴확인 ☐

Is there any way to ~?

Is there any way to
- shorten it?
- resolve that problem?
- prevent a tsunami?
- show our friendship?
- finish it by tomorrow morning?

030

~할 방법이 있나요?

방법이 있나요?

그것을 단축할

그 문제를 해결할

쓰나미를 예방할

우리의 우정을 보여줄

내일 아침까지 그것을 끝낼

step 2 • 패턴응용

Is there any way to ~?

Is there any way to
- shorten it?
- resolve that problem?
- prevent a tsunami?
- show our friendship?
- finish it by tomorrow morning?

031

어떻게 ~하죠?
어떻게 ~할 수 있죠?

어떻게	당신을 돕죠?
	이 단어를 발음하죠?
	방 온도를 조절하죠?
	면접 결과를 알 수 있죠?
	이 문제를 해결해야 하죠?

step 1 • 패턴확인 □

How can I ~?

How can I
- help you?
- pronounce this word?
- control the room temperature?
- know the results of the interview?
- do if I want to solve this problems?

031

어떻게 ~하죠?
어떻게 ~할 수 있죠?

어떻게

당신을 돕죠?

이 단어를 발음하죠?

방 온도를 조절하죠?

면접 결과를 알 수 있죠?

이 문제를 해결해야 하죠?

step 2 • 패턴응용

How can I ~?

How can I

help you?

pronounce this word?

control the room temperature?

know the results of the interview?

do if I want to solve this problems?

032

그는 결코 ~할 사람이 아니다

그는 결코		사람이 아니다.
	거짓말할	
	그런 일을 할	
	결혼할	
	자신의 분수를 망각할	
	다른 사람의 의견에 따를	

step 1 • 패턴확인 □

He is the last man to ~

He is the last man to

tell a lie.

do such a thing.

get married.

forget his own place.

submit to another's opinion.

032

그는 결코 ~할 사람이 아니다

그는 결코 (~할) 사람이 아니다.

거짓말할

그런 일을 할

결혼할

자신의 분수를 망각할

다른 사람의 의견에 따를

step 2 • 패턴응용

He is the last man to ~

He is the last man to	tell a lie.
	do such a thing.
	get married.
	forget his own place.
	submit to another's opinion.

033

얼마나 ~했니?

오늘		썼니?
그녀를		사랑했니?
오늘밤에	**얼마나**	마셨니?
그 차에		지불했니?
영어를		연습했니?

step 1 • 패턴확인 ☐

How much did you ~?

How much did you	spend today?
	love her?
	drink tonight?
	pay for that car?
	practice English?

033

얼마나 ~했니?

얼마나

오늘 썼니?

그녀를 사랑했니?

오늘밤에 마셨니?

그 차에 지불했니?

영어를 연습했니?

step 2 • 패턴응용 □

How much did you ~?

How much did you	spend today?
	love her?
	drink tonight?
	pay for that car?
	practice English?

넌 ~만 하면 돼

넌		하면 돼.
	열심히 공부만	
	빨간 색 버튼을 누르기만	
	휴대폰을 끄기만	
	집에 가서 쉬기만	
	여기에 앉아서 그녀를 기다리기만	

step 1 • 패턴확인 ☐

All you have to do is ~

All you have to do is
- study hard.
- push the red button.
- turn off your cell phone.
- go home and rest.
- sit here and wait for her.

034

넌 ~만 하면 돼

넌 　 하면 돼.

열심히 공부만

빨간 색 버튼을 누르기만

휴대폰을 끄기만

집에 가서 쉬기만

여기에 앉아서 그녀를 기다리기만

step 2 • 패턴응용

All you have to do is ~

All you have to do is
- study hard.
- push the red button.
- turn off your cell phone.
- go home and rest.
- sit here and wait for her.

035

A는 ~하는 것이다

그의 취미는	테니스를 치는	
내 꿈은	위대한 가수가 되는	
내 목표는	패스트푸드를 그만 먹는	**것이다.**
그의 희망은	새 차를 사는	
가장 좋은 방법은	여러분의 손을 비누로 씻는	

step 1 • 패턴확인 □

A is to ~

His hobby		play tennis.
My dream		become a great singer.
My goal	**is to**	stop eating fast food.
His hope		buy a new car.
The best way		wash your hands with soap.

035

A는 ~하는 것이다

그의 취미는		테니스를 치는
내 꿈은		위대한 가수가 되는
내 목표는	**것이다.**	패스트푸드를 그만 먹는
그의 희망은		새 차를 사는
가장 좋은 방법은		여러분의 손을 비누로 씻는

step 2 • 패턴응용

A is to ~

His hobby		play tennis.
My dream		become a great singer.
My goal	**is to**	stop eating fast food.
His hope		buy a new car.
The best way		wash your hands with soap.

036

~할 만큼 어리석지 않다

난	싸울
난	그런 일을 할
난	너와 논쟁할
그녀는	그를 선택할
그는	나에게 그런 질문을 할

만큼 어리석지 않다.

step 1 • 패턴확인 □

know better than to ~

I		fight.
I		do that.
I	**know better than to**	argue with you.
She		choose him.
He		ask me such a question.

036

~할 만큼 어리석지 않다

난		싸울
난		그런 일을 할
난	**만큼 어리석지 않다.**	너와 논쟁할
그녀는		그를 선택할
그는		나에게 그런 질문을 할

step 2 • 패턴응용

know better than to ~

I		fight.
I		do that.
I	**know better than to**	argue with you.
She		choose him.
He		ask me such a question.

037 What do you say to ~?
038 I feel like ~
039 I look forward to ~
040 He is used to ~
041 I had difficulty ~
042 I'm busy ~
043 It is no use ~
044 I could not help ~
045 is/are worth ~
046 I spend ~
047 Do you mind my ~?
048 I'm thinking about ~
049 I'm not used to ~
050 He is in the habit of ~

동명사와
결합하는
패턴

037

~하는 게 어때?

잠깐 쉬는	
오늘밤 우리랑 같이 머무르는	
오늘 밤 외식하는	게 어때?
산책하는	
오늘 저녁에 영화 보러 가는	

step 1 • 패턴확인 □

What do you say to ~?

What do you say to
- taking a rest?
- staying with us tonight?
- eating out tonight?
- going for a walk?
- going to a movie this evening?

037

~하는 게 어때?

게 어때?

잠깐 쉬는

오늘밤 우리랑 같이 머무르는

오늘 밤 외식하는

산책하는

오늘 저녁에 영화 보러 가는

step 2 • 패턴응용

What do you say to ~?

What do you say to
- taking a rest?
- staying with us tonight?
- eating out tonight?
- going for a walk?
- going to a movie this evening?

038

~하고 싶어

저녁 식사 후 산책 하고
수영하러 가고
오늘 밤 외식하고 **싶어.**
프랑스 영화를 보고
친구와 테니스를 하고

step 1 • 패턴확인

I feel like ~

I feel like
- taking a walk after dinner.
- going for a swim.
- eating out tonight.
- watching a French movie.
- playing tennis with my friend.

038

~하고 싶어

싶어.

저녁 식사 후 산책 하고

수영하러 가고

오늘 밤 외식하고

프랑스 영화를 보고

친구와 테니스를 하고

step 2 • 패턴응용

I feel like ~

I feel like	taking a walk after dinner.
	going for a swim.
	eating out tonight.
	watching a French movie.
	playing tennis with my friend.

039

~하고 싶어

다시 너를 만나고	
그 책을 읽고	
그 음식을 먹고	**싶어.**
곧 너로부터 소식을 듣고	
화학 업계에서 일하고	

step 1 • 패턴확인 □

I look forward to ~

I look forward to
- meeting you again.
- reading the book.
- eating the food.
- hearing from you soon.
- working in the chemical industry.

039

~하고 싶어

싶어.

다시 너를 만나고

그 책을 읽고

그 음식을 먹고

곧 너로부터 소식을 듣고

화학 업계에서 일하고

step 2 • 패턴응용

I look forward to ~

I look forward to	meeting you again.
	reading the book.
	eating the food.
	hearing from you soon.
	working in the chemical industry.

그는 ~하는 데 익숙해

| 그는 | 차를 운전하는

혼자 있는

일찍 일어나는

밤에 일하는

젓가락으로 국수를 먹는 | 데 익숙해. |

step 1 • 패턴확인 □

He is used to ~

He is used to	driving a car.
	being alone.
	getting up early.
	working at night.
	eating noodles with chopsticks.

그는 ~하는 데 익숙해

그는 (~하는) 데 익숙해.

차를 운전하는

혼자 있는

일찍 일어나는

밤에 일하는

젓가락으로 국수를 먹는

step 2 • 패턴응용

He is used to ~

He is used to
- driving a car.
- being alone.
- getting up early.
- working at night.
- eating noodles with chopsticks.

~하는 데 애를 먹었어

그 아이를 다루는

내 뜻을 이해시키는

영어로 의사소통하는　　**데 애를 먹었어.**

그녀가 떠나도록 설득하는

공기가 너무 희박해서 숨 쉬는

step 1 • 패턴확인 □

I had difficulty ~

I had difficulty	managing the child.
	making myself understood.
	communicating in English.
	persuading her to leave.
	breathing because the air was so thin.

- manage 다루다

041

~하는 데 애를 먹었어

(~하는) 데 애를 먹었어.

그 아이를 다루는

내 뜻을 이해시키는

영어로 의사소통하는

그녀가 떠나도록 설득하는

공기가 너무 희박해서 숨 쉬는

I had difficulty ~

I had difficulty
- managing the child.
- making myself understood.
- communicating in English.
- persuading her to leave.
- breathing because the air was so thin.

042

~하느라 바빠

보고서를 쓰느라

설거지를 하느라

학교 숙제를 하느라 **바빠.**

중간고사 공부하느라

이번 여름 방학 동안 어디를 갈지 계획하느라

step 1 • 패턴확인 □

I'm busy ~

I'm busy	writing a report.
	washing the dishes.
	doing my school homework.
	studying for the midterm exam.
	planning where to go during this summer vacation.

042

~하느라 바빠

바빠.
- 보고서를 쓰느라
- 설거지를 하느라
- 학교 숙제를 하느라
- 중간고사 공부하느라
- 이번 여름 방학 동안 어디를 갈지 계획하느라

step 2 • 패턴응용

I'm busy ~

I'm busy
- writing a report.
- washing the dishes.
- doing my school homework.
- studying for the midterm exam.
- planning where to go during this summer vacation.

043

~해봐야 소용없어

엎질러진 우유를 두고 울어봐야	
그에게 얘기해봐야	
그를 설득하려고 노력해봐야	**소용없어.**
그런 것을 배워봐야	
그에게 돈을 요구해봐야	

step 1 • 패턴확인 □

It is no use ~

It is no use	crying over spilt milk.
	talking to him.
	trying to persuade him.
	learning such a thing.
	asking him for money.

043

~해봐야 소용없어

소용없어.	엎질러진 우유를 두고 울어봐야
	그에게 얘기해봐야
	그를 설득하려고 노력해봐야
	그런 것을 배워봐야
	그에게 돈을 요구해봐야

step 2 • 패턴응용

It is no use ~

It is no use
- crying over spilt milk.
- talking to him.
- trying to persuade him.
- learning such a thing.
- asking him for money.

~하지 않을 수 없었어

웃지

물러나지

내 계획을 재조정하지 **않을 수 없었어.**

고통으로 울지

그의 무례함에 눈살을 찌푸리지

step 1 • 패턴확인 □

I could not help ~

I could not help

laughing.

standing back.

rescheduling my plan.

crying with pain.

frowning at his impoliteness.

- reschedule 일정을 변경하다
- frown 얼굴(눈살)을 찌푸리다

044

~하지 않을 수 없었어

않을 수 없었어.

- 웃지
- 물러나지
- 내 계획을 재조정하지
- 고통으로 울지
- 그의 무례함에 눈살을 찌푸리지

step 2 • 패턴응용

I could not help ~

I could not help
- laughing.
- standing back.
- rescheduling my plan.
- crying with pain.
- frowning at his impoliteness.

045

~할 만한 가치가 있다

그 질문은 대답할

그 영화는 다시 볼

그 책은 읽을

그 수업은 참석할

그것은 비록 실패하더라도 시도할

만한 가치가 있다.

step 1 • 패턴확인 ☐

is/are worth ~

The question		answering.
The movie		seeing again.
The book	**is worth**	reading.
That class		attending.
It		attempting even though we fail.

~할 만한 가치가 있다

(~할) 만한 가치가 있다.	그 질문은 대답할
	그 영화는 다시 볼
	그 책은 읽을
	그 수업은 참석할
	그것은 비록 실패하더라도 시도할

step 2 • 패턴응용

is/are worth ~

The question		answering.
The movie		seeing again.
The book	**is worth**	reading.
That class		attending.
It		attempting even though we fail.

나는 ~하면서 시간을 보내

| 나는 | 이것을 하면서 하루에 8시간을
TV를 보면서 너무 많은 시간을
야구를 하면서 매주 토요일을
내 친구들과 이야기를 하면서 시간을
내 일을 하면서 일주일에 60~80시간을 | 보내. |

step 1 • 패턴확인 □

I spend ~

I spend

eight hours a day doing this.

too much time watching TV.

every Saturday playing baseball.

time talking with my friends.

between 60 and 80 hours a week doing my job.

046

나는 ~하면서 시간을 보내

나는 보내.
- 이것을 하면서 하루에 8시간을
- TV를 보면서 너무 많은 시간을
- 야구를 하면서 매주 토요일을
- 내 친구들과 이야기를 하면서 시간을
- 내 일을 하면서 일주일에 60~80시간을

step 2 • 패턴응용 □

I spend ~

I spend	eight hours a day doing this.
	too much time watching TV.
	every Saturday playing baseball.
	time talking with my friends.
	between 60 and 80 hours a week doing my job.

047

~해도 될까요?

창문 좀 열어도

당신 펜 좀 사용해도

블라인드 좀 내려도   **될까요?**

여기서 담배 피워도

당신이 무엇을 찾고 있는지 물어봐도

step 1 • 패턴확인 □

Do you mind my ~?

Do you mind my	opening the window? using your pen? pulling down the blinds? smoking here? asking what you're looking for?

~해도 될까요?

될까요?

창문 좀 열어도

당신 펜 좀 사용해도

블라인드 좀 내려도

여기서 담배 피워도

당신이 무엇을 찾고 있는지 물어봐도

step 2 • 패턴응용

Do you mind my ~?

Do you mind my	opening the window?
	using your pen?
	pulling down the blinds?
	smoking here?
	asking what you're looking for?

048

~할까 생각 중이야

새 차를 살까

일찍 문을 닫을까

너와 같이 노래할까   **생각 중이야.**

그 팀에 들까

공군에 입대할까

step 1 • 패턴확인 ☐

I'm thinking about ~

I'm thinking about
- buying a new car.
- closing up early.
- signing with you.
- joining the team.
- joining the air force.

048

~할까 생각 중이야

생각 중이야.

새 차를 살까

일찍 문을 닫을까

너와 같이 노래할까

그 팀에 들까

공군에 입대할까

step 2 • 패턴응용

I'm thinking about ~

I'm thinking about	buying a new car.
	closing up early.
	signing with you.
	joining the team.
	joining the air force.

049

난 ~하는 데 익숙하지 않아

| 난 | 도움을 요청하는데
차를 운전하는데
대중들 앞에서 연설하는데
내 의도를 숨기는데
아침에 일찍 일어나는데 | **익숙하지 않아.** |

step 1 • 패턴확인 □

I'm not used to ~

I'm not used to	asking for help.
	driving a car.
	making speeches in public.
	hiding my intentions.
	getting up early in the morning.

049

난 ~하는 데 익숙하지 않아

난　　익숙하지 않아.

도움을 요청하는데

차를 운전하는데

대중들 앞에서 연설하는데

내 의도를 숨기는데

아침에 일찍 일어나는데

step 2 • 패턴응용

I'm not used to ~

I'm not used to
- asking for help.
- driving a car.
- making speeches in public.
- hiding my intentions.
- getting up early in the morning.

그는 ~하는 습관이 있다

| 그는 | 늦게까지 깨 있는
일이 끝난 후에 술을 마시는
아침에 일찍 일어나는
저녁 식사 후에 산책하는
아침에 산책을 하러 가는 | 습관이 있다. |

step 1 • 패턴확인

He is in the habit of ~

He is in the habit of
- sitting up late.
- drinking after work.
- getting up early in the morning.
- taking a walk after dinner.
- going for a walk in the morning.

050

그는 ~하는 습관이 있다

그는 　 습관이 있다.	늦게까지 깨 있는 일이 끝난 후에 술을 마시는 아침에 일찍 일어나는 저녁 식사 후에 산책하는 아침에 산책을 하러 가는

step 2 • 패턴응용

He is in the habit of ~

He is in the habit of
- sitting up late.
- drinking after work.
- getting up early in the morning.
- taking a walk after dinner.
- going for a walk in the morning.

051 Is there ~?
052 Are you ready for ~?
053 I'm against ~
054 I'm happy with ~
055 To my ~

명사/대명사와 결합하는 패턴

051

~이 있나요?

도중에 약국이
근처에 버스 정류장이
호텔 근처에 서는 버스가   있나요?
당신이 여기에 온 이유가
저에게 물어보고 싶은 것이

step 1 • 패턴확인 □

Is there ~?

Is there	a drugstore on the way?
	a bus stop nearby?
	a bus that stops near the hotel?
	some reason why you're here?
	anything you want to ask me?

051

~이 있나요?

있나요?

도중에 약국이

근처에 버스 정류장이

호텔 근처에 서는 버스가

당신이 여기에 온 이유가

저에게 물어보고 싶은 것이

Is there ~?

Is there
- a drugstore on the way?
- a bus stop nearby?
- a bus that stops near the hotel?
- some reason why you're here?
- anything you want to ask me?

052

~에 대한 준비가 됐니?

시험에

여행에

새 학년에

너의 첫 강의에

그 일이 일어날 그 순간에

대한 준비가 됐니?

step 1 • 패턴확인 □

Are you ready for ~?

Are you ready for
- the test?
- the trip?
- the new school year?
- your first lecture?
- that moment when it happens?

052

~에 대한 준비가 됐니?

대한 준비가 됐니?

시험에

여행에

새 학년에

너의 첫 강의에

그 일이 일어날 그 순간에

step 2 • 패턴응용

Are you ready for ~?

Are you ready for
- the test?
- the trip?
- the new school year?
- your first lecture?
- that moment when it happens?

053

난 ~에 반대해

| 난 | 그것에
그 계획에
테러리즘에
낙태에
사형제도에 | **반대해.** |

step 1 • 패턴확인 ☐

I'm against ~

I'm against	it.
	the plan.
	terrorism.
	abortion.
	the death penalty.

053

난 ~에 반대해

난 　　　반대해.

그것에

그 계획에

테러리즘에

낙태에

사형제도에

step 2 • 패턴응용

I'm against ~

I'm against	it.
	the plan.
	terrorism.
	abortion.
	the death penalty.

난 ~에 만족해

| 난 | 나 자신에
그 결과에
여행 가이드로서 내 직업에
그들이 제공하고 있는 서비스에
내 삶의 모든 것에 | 만족해. |

step 1 • 패턴확인 □

I'm happy with ~

I'm happy with	myself.
	the result.
	my job as a tour guide
	the service they're providing.
	everything in my life.

054

난 ~에 만족해

난 만족해.

나 자신에

그 결과에

여행 가이드로서 내 직업에

그들이 제공하고 있는 서비스에

내 삶의 모든 것에

step 2 • 패턴응용

I'm happy with ~

I'm happy with
- myself.
- the result.
- my job as a tour guide
- the service they're providing.
- everything in my life.

055

~하게도

놀랍		그는 그것을 부인하지 않았다.
슬프		할아버지께서 며칠 전에 돌아가셨다.
기쁘	**게도**	내 남동생이 1등 상을 탔다.
실망스럽		그는 오지 않았다.
유감스럽		그는 자신의 실수를 인정하지 않았다.

step 1 • 패턴확인 ☐

To my ~

To my	surprise,	he did not deny it.
	sorrow,	my grandfather died a few days ago.
	delight,	my brother won the first prize.
	disappointment,	he did not come.
	regret,	he didn't admit his mistakes.

055

~하게도

게도	놀랍	그는 그것을 부인하지 않았다.
	슬프	할아버지께서 며칠 전에 돌아가셨다.
	기쁘	내 남동생이 1등 상을 탔다.
	실망스럽	그는 오지 않았다.
	유감스럽	그는 자신의 실수를 인정하지 않았다.

To my ~

To my	surprise,	he did not deny it.
	sorrow,	my grandfather died a few days ago.
	delight,	my brother won the first prize.
	disappointment,	he did not come.
	regret,	he didn't admit his mistakes.

- **056** He looks ~
- **057** Why are you so ~?
- **058** as ~ as possible
- **059** I've never ~
- **060** You should have ~
- **061** He must have ~
- **062** She may have ~
- **063** You needn't have ~
- **064** He cannot have ~

04

형용사/부사/분사와 결합하는 패턴

그는 ~해 보여

그는		보여.
	오늘 행복해	
	나이에 비해 늙어	
	나이에 비해 젊어	
	긴 여행으로 지쳐	
	나이보다 훨씬 더 늙어	

step 1 • 패턴확인 □

He looks ~

He looks	happy today.
	old for his age.
	young considering his age.
	worn-out from the long trip.
	much older than his age.

056

그는 ~해 보여

그는 　　　 보여.

오늘 행복해
나이에 비해 늙어
나이에 비해 젊어
긴 여행으로 지쳐
나이보다 훨씬 더 늙어

step 2 • 패턴응용

He looks ~

He looks
- happy today.
- old for his age.
- young considering his age.
- worn-out from the long trip.
- much older than his age.

057

왜 그렇게 ~해?

왜 그렇게	행복해? 요즘 바빠? 매사에 부정적이야? 엄마에게 무례해? 그의 성공을 질투해?

step 1 • 패턴확인 ☐

Why are you so ~?

Why are you so	happy?
	busy these days?
	negative about everything?
	rude to your mother?
	jealous of his success?

057

왜 그렇게 ~해?

왜 그렇게

행복해?

요즘 바빠?

매사에 부정적이야?

엄마에게 무례해?

그의 성공을 질투해?

step 2 • 패턴응용

Why are you so ~?

Why are you so
- happy?
- busy these days?
- negative about everything?
- rude to your mother?
- jealous of his success?

058

가능한 한 ~한/하게

–		빨리	오세요.
그들은		열심히	일하고 있다.
그는	**가능한 한**	자연스럽게	행동해야 한다.
–		빨리	학교로 뛰어가라.
난		빨리	그것을 끝낼 것이다.

step 1 • 패턴확인 □

as ~ as possible

Please come		soon	
They are working		hard	
He should act	**as**	naturally	**as possible**
Run to school		fast	
I'll finish it		quickly	

058

가능한 한 ~한/하게

–	오세요.	빨리	
그들은	일하고 있다.	열심히	
그는	행동해야 한다.	자연스럽게	**가능한 한**
–	학교로 뛰어가라.	빨리	
난	그것을 끝낼 것이다.	빨리	

step 2 • 패턴응용

as ~ as possible

Please come		soon	
They are working		hard	
He should act	**as**	naturally	**as possible**
Run to school		fast	
I'll finish it		quickly	

059

결코 ~해 본 적이 없다

전에 그것에 대해		들어본	
그가 사람들 앞에서 노래하는 것을		본	
이전에 이런 종류의 일을	**결코**	해 본	**적이 없다.**
난 해리포터를		읽거나 본	
이전에 이와 같은 어떤 것을		경험해 본	

step 1 • 패턴확인 □

I've never ~

I've never
- heard of it.
- seen him sing in public.
- done this sort of work before.
- read or watched Harry Potter.
- experienced anything like this before.

059

결코 ~해 본 적이 없다

결코		적이 없다.
	전에 그것에 대해 들어본	
	그가 사람들 앞에서 노래하는 것을 본	
	이전에 이런 종류의 일을 해 본	
	난 해리포터를 읽거나 본	
	이전에 이와 같은 어떤 것을 경험해 본	

step 2 • 패턴응용

I've never ~

I've never	heard of it.
	seen him sing in public.
	done this sort of work before.
	read or watched Harry Potter.
	experienced anything like this before.

너는 ~했어야 했는데

| 너는 | 좀 더 신중했어야
그 빚을 갚았어야
약속을 지켰어야
그녀가 피아노 연주하는 것을 봤어야
오래 전에 이것을 알아챘어야 | 했는데. |

step 1 • 패턴확인

You should have ~

You should have
- been more considerate.
- paid the debt.
- kept your words.
- seen her play the piano.
- noticed this long ago.

060

너는 ~했어야 했는데

너는 했는데.
- 좀 더 신중했어야
- 그 빚을 갚았어야
- 약속을 지켰어야
- 그녀가 피아노 연주하는 것을 봤어야
- 오래 전에 이것을 알아챘어야

step 2 • 패턴응용

You should have ~

You should have	been more considerate.
	paid the debt.
	kept your words.
	seen her play the piano.
	noticed this long ago.

061

그는 틀림없이 ~했다

그는 틀림없이

그녀를 도왔다.

집에 갔다.

공고를 보지 못했다.

자신의 아이들을 매우 사랑했다.

그 사건을 목격했다.

step 1 • 패턴확인 □

He must have ~

He must have	helped her.
	gone home.
	missed the notice.
	loved his children very much.
	witnessed the affair.

061

그는 틀림없이 ~했다

그는 틀림없이
그녀를 도왔다.

집에 갔다.

공고를 보지 못했다.

자신의 아이들을 매우 사랑했다.

그 사건을 목격했다.

step 2 • 패턴응용

He must have ~

He must have	helped her.
	gone home.
	missed the notice.
	loved his children very much.
	witnessed the affair.

062

그녀는 ~했을지도 몰라

그녀는

기차를 놓쳤을지도

젊었을 때 예뻤을지도

점심 식사 후에 외출했을지도

그들의 이름 중 일부를 들었을지도

어제 사고를 당했을지도

몰라.

step 1 • 패턴확인

She may have ~

She may have
- missed the train.
- been pretty in her youth.
- gone out after lunch.
- heard some of their names.
- had an accident yesterday.

062

그녀는 ~했을지도 몰라

그녀는 몰라.

기차를 놓쳤을지도

젊었을 때 예뻤을지도

점심 식사 후에 외출했을지도

그들의 이름 중 일부를 들었을지도

어제 사고를 당했을지도

step 2 • 패턴응용

She may have ~

She may have
- missed the train.
- been pretty in her youth.
- gone out after lunch.
- heard some of their names.
- had an accident yesterday.

063

넌 ~할 필요가 없었다

| 넌 | 그것을 할
서두를
택시를 탈
그것에 대해 걱정할
나에게 오라고 말할 | **필요가 없었다.** |

step 1 • 패턴확인 ☐

You needn't have ~

You needn't have
- done it.
- hurried.
- taken a taxi.
- worried about that.
- told me to come.

063

넌 ~할 필요가 없었다

넌 필요가 없었다.

그것을 할

서두를

택시를 탈

그것에 대해 걱정할

나에게 오라고 말할

step 2 • 패턴응용

You needn't have ~

You needn't have	done it.
	hurried.
	taken a taxi.
	worried about that.
	told me to come.

그가 ~했을 리가 없다
그가 ~이었을 리가 없다

| 그가 | 그렇게 말했을
그녀에게 동의했을
그런 나쁜 행동을 했을
혼자서 그 일을 했을
어제 집에 있었을 | 리가 없다. |

step 1 • 패턴확인 ☐

He cannot have ~

He cannot have	said so.
	agreed with her.
	done such a bad behavior.
	done the work for himself.
	been at home yesterday.

064

그가 ~했을 리가 없다
그가 ~이었을 리가 없다

그가　　리가 없다.	그렇게 말했을 그녀에게 동의했을 그런 나쁜 행동을 했을 혼자서 그 일을 했을 어제 집에 있었을

step 2 • 패턴응용

He cannot have ~

He cannot have
- said so.
- agreed with her.
- done such a bad behavior.
- done the work for himself.
- been at home yesterday.

065 I wonder if ~
066 I don't know if ~
067 Is it okay if ~?
068 Do you mind if ~?
069 I'm afraid that ~
070 It is likely that ~
071 It seems that ~
072 It is said that ~
073 Do you agree that ~?
074 Don't you think that ~?
075 I want to know the reason why ~
076 I don't like the way ~
077 It is true that ~
078 It is necessary that ~
079 When do you think ~?
080 What would happen if ~?
081 She talks as if ~
082 I wish ~

문장과
결합하는
패턴

065

~일지 모르겠다

그것이 사실일지
네가 나를 도와줄 수 있을지
그가 집에 있을지
그의 편지에 답장을 해야 할지
내가 잘한 건지

모르겠다.

step 1 • 패턴확인 □

I wonder if ~

I wonder if
- it is true.
- you can help me.
- he is at home.
- I should answer his letter.
- I did the right thing.

065

~일지 모르겠다

모르겠다.	그것이 사실일지
	네가 나를 도와줄 수 있을지
	그가 집에 있을지
	그의 편지에 답장을 해야 할지
	내가 잘한 건지

step 2 • 패턴응용

I wonder if ~

I wonder if
- it is true.
- you can help me.
- he is at home.
- I should answer his letter.
- I did the right thing.

066

~인지/일지 모르겠어

그가 내일 올지

그것을 다시 반복할 수 있을지

그런 압박에 순응할 수 있을지 **모르겠어.**

사람들이 그를 존경하는지

네가 그걸 알고 있는지

step 1 • 패턴확인 □

I don't know if ~

I don't know if
- he will come tomorrow.
- I can repeat that again.
- I can adapt to the pressure.
- people respect him.
- you're aware of that.

066

~인지/일지 모르겠어

모르겠어.

그가 내일 올지

그것을 다시 반복할 수 있을지

그런 압박에 순응할 수 있을지

사람들이 그를 존경하는지

네가 그걸 알고 있는지

step 2 • 패턴응용

I don't know if ~

I don't know if	he will come tomorrow.
	I can repeat that again.
	I can adapt to the pressure.
	people respect him.
	you're aware of that.

~해도 될까요?

전화해도	
지금 집에 가도	
나가서 축구해도	**될까요?**
당신 펜을 사용해도	
지금 컴퓨터 게임을 해도	

step 1 ● 패턴확인 ☐

Is it okay if ~?

Is it okay if
- I call you?
- I go home now?
- I go out and play soccer?
- I use your pen?
- I play computer games now?

067

~해도 될까요?

될까요?	전화해도
	지금 집에 가도
	나가서 축구해도
	당신 펜을 사용해도
	지금 컴퓨터 게임을 해도

step 2 • 패턴응용

Is it okay if ~?

Is it okay if
- I call you?
- I go home now?
- I go out and play soccer?
- I use your pen?
- I play computer games now?

068

~해도 될까?

히터를 꺼도

창문을 열어도

피아노를 쳐도   **될까?**

몇 가지 질문을 해도

네 책 좀 빌려도

step 1 • 패턴확인 ☐

Do you mind if ~?

Do you mind if
- I turn off the heater?
- I open the window?
- I play the piano?
- I ask a few questions?
- I borrow your book?

068

~해도 될까?

될까?
- 히터를 꺼도
- 창문을 열어도
- 피아노를 쳐도
- 몇 가지 질문을 해도
- 네 책 좀 빌려도

step 2 • 패턴응용

Do you can mind if ~?

Do you mind if
- I turn off the heater?
- I open the window?
- I play the piano?
- I ask a few questions?
- I borrow your book?

069

유감스럽지만 ~

유감스럽지만

그 일은 발생하지 않았다.

그것에 동의하지 않습니다.

그가 어리석은 짓을 했습니다.

지금 가야 할 것 같습니다.

당신은 정말로 무슨 일이 일어나고 있는지 이해를 못하는군요.

step 1 • 패턴확인 □

I'm afraid that ~

I'm afraid that

it didn't happen.

I don't agree with that.

he did something stupid.

I'll have to go now.

you don't understand what's really happening.

069

유감스럽지만 ~

유감스럽지만

그 일은 발생하지 않았다.

그것에 동의하지 않습니다.

그가 어리석은 짓을 했습니다.

지금 가야 할 것 같습니다.

당신은 정말로 무슨 일이 일어나고 있는지 이해를 못하는군요.

step 2 • 패턴응용

I'm afraid that ~

I'm afraid that	it didn't happen.
	I don't agree with that.
	he did something stupid.
	I'll have to go now.
	you don't understand what's really happening.

070

~일 것 같다
~할 가능성이 있다

그는 성공할 것	**같다.**
그가 곧 돌아올 것	
그것이 일어날	**가능성이 있다.**
투자자들이 손실을 볼	
국제적 연관성이 있을	

step 1 • 패턴확인

It is likely that ~

It is likely that
- he will succeed.
- he will be back soon.
- it will happen.
- investors will face losses.
- there is an international connection.

070

~일 것 같다
~할 가능성이 있다

같다.
- 그는 성공할 것
- 그가 곧 돌아올 것

가능성이 있다.
- 그것이 일어날
- 투자자들이 손실을 볼
- 국제적 연관성이 있을

step 2 • 패턴응용

It is likely that ~

It is likely that

he will succeed.

he will be back soon.

it will happen.

investors will face losses.

there is an international connection.

071

~인 것 같다
~처럼 보인다

나에 대한 너의 감정이 변한	것 같다.
그 공격은 면밀하게 계획되었던	
그는 역량이 부족한	
그녀는 정말 영적인 힘을 가진	것처럼 보인다.
우리의 작업은 끝없이 지속될	

It seems that ~

It seems that
- your feelings for me have changed.
- the attack was carefully planned.
- he lacks the capacity.
- she does possess spiritual powers.
- our work will be continued without end.

071

~인 것 같다
~처럼 보인다

것 같다.
- 나에 대한 너의 감정이 변한
- 그 공격은 면밀하게 계획되었던

것처럼 보인다.
- 그는 역량이 부족한
- 그녀는 정말 영적인 힘을 가진
- 우리의 작업은 끝없이 지속될

It seems that ~

It seems that
- your feelings for me have changed.
- the attack was carefully planned.
- he lacks the capacity.
- she does possess spiritual powers.
- our work will be continued without end.

072

~라고 한다

정직이 최선의 방책이라고

지구가 둥글다고

한국인은 근면한 민족이라고 **한다.**

첫사랑은 절대로 잊지 못한다고

인성은 어린 시절에 형성된다고

step 1 • 패턴확인 □

It is said that ~

It is said that
- honesty is the best policy.
- the earth is round.
- the Koreans are a diligent people.
- you never forget your first love.
- personality is shaped in childhood.

072

~라고 한다

한다.
- 정직이 최선의 방책이라고
- 지구가 둥글다고
- 한국인은 근면한 민족이라고
- 첫사랑은 절대로 잊지 못한다고
- 인성은 어린 시절에 형성된다고

step 2 • 패턴응용

It is said that ~

It is said that
- honesty is the best policy.
- the earth is round.
- the Koreans are a diligent people.
- you never forget your first love.
- personality is shaped in childhood.

073

~에 동의하니?

우리가 머리를 짧게 해야 한다는

학생들이 교복을 입어야 한다는

박물관에서 조용히 해야 한다는 **것에 동의하니?**

고양이가 애완동물로서 더 낫다는

텔레비전 때문에 대화가 없어졌다는

step 1 • 패턴확인 □

Do you agree that ~?

Do you agree that
- we should keep our hair short?
- students should wear uniforms?
- we should keep quiet at the museum?
- cats make better pets?
- television kills conversation?

- A makes better B A가 B로서 더 낫다

073

~에 동의하니?

것에 동의하니?

우리가 머리를 짧게 해야 한다는

학생들이 교복을 입어야 한다는

박물관에서 조용히 해야 한다는

고양이가 애완동물로서 더 낫다는

텔레비전 때문에 대화가 없어졌다는

step 2 • 패턴응용

Do you agree that ~?

Do you agree that
- we should keep our hair short?
- students should wear uniforms?
- we should keep quiet at the museum?
- cats make better pets?
- television kills conversation?

074

~라고 생각하지 않니?

그녀가 미쳤다고

젊음은 인생의 꽃이라고

그녀가 우리 사무실의 꽃이라고

그것을 바꾸기에는 너무 늦었다고

그녀가 전과는 상당히 다르다고

생각하지 않니?

step 1 • 패턴확인 ☐

Don't you think that ~?

Don't you think that

she is insane?

youth is the flower of life?

she is the flower of our office?

it's too late to change it?

she is very different than she used to be?

074

~라고 생각하지 않니?

생각하지 않니?	그녀가 미쳤다고
	젊음은 인생의 꽃이라고
	그녀가 우리 사무실의 꽃이라고
	그것을 바꾸기에는 너무 늦었다고
	그녀가 전과는 상당히 다르다고

step 2 • 패턴응용

Don't you think that ~?

Don't you think that
- she is insane?
- youth is the flower of life?
- she is the flower of our office?
- it's too late to change it?
- she is very different than she used to be?

075

~한 이유를 알고 싶어

네가 놀란

네가 그렇게 늦은

그가 가버린   **이유를 알고 싶어.**

그가 학교를 결석한

우리 선생님이 화난

step 1 • 패턴확인 ☐

I want to know the reason why ~

I want to know the reason why

you were surprised?

you're so late.

he's gone.

he was absent from school.

our teacher got angry.

075

~한 이유를 알고 싶어

이유를 알고 싶어.

네가 놀란

네가 그렇게 늦은

그가 가버린

그가 학교를 결석한

우리 선생님이 화난

step 2 • 패턴응용

I want to know the reason why ~

I want to know the reason why

you were surprised?

you're so late.

he's gone.

he was absent from school.

our teacher got angry.

076

~하는 방식이 마음에 들지 않아

그가 행동하는

네가 말하는

네가 살아가는

그가 너에게 대답하는

네가 내 친구를 대하는

**방식이 마음에
들지 않아.**

step 1 • 패턴확인 □

I don't like the way ~

I don't like the way
- he acts.
- you talk.
- you live.
- he responds to you.
- you treat my friend.

076

~하는 방식이 마음에 들지 않아

**방식이
마음에 들지 않아.**

그가 행동하는

네가 말하는

네가 살아가는

그가 너에게 대답하는

네가 내 친구를 대하는

I don't like the way ~

I don't like the way
- he acts.
- you talk.
- you live.
- he responds to you.
- you treat my friend.

077

~은 사실이다

그가 수를 사랑하는 것은

그가 거짓말쟁이라는 것은

성적이 중요한 것은   **사실이다.**

그가 70살이 넘었다는 것은

소금이 무기보다 더 강한 힘을 가지고 있는 것은

step 1 • 패턴확인 □

It is true that ~

It is true that	he loves Sue.
	he is a liar.
	grades are important.
	he is over seventy.
	salt has stronger power than weapons.

~은 사실이다

사실이다.
그가 수를 사랑하는 것은

그가 거짓말쟁이라는 것은

성적이 중요한 것은

그가 70살이 넘었다는 것은

소금이 무기보다 더 강한 힘을 가지고 있는 것은

step 2 • 패턴응용

It is true that ~

It is true that
- he loves Sue.
- he is a liar.
- grades are important.
- he is over seventy.
- salt has stronger power than weapons.

078

~해야 할 필요가 있다

그는 오늘 오후에 도착해야

당신은 오늘 미팅에 참석해야

우리는 그것을 주의 깊게 생각해야

너는 내일까지 그 일을 끝마쳐야

우리는 최악의 경우에 대비해야

할 필요가 있다.

step 1 • 패턴확인

It is necessary that ~

It is necessary that	he arrive this afternoon. you attend the meeting today. we consider it carefully. you finish the work by tomorrow. we prepare for the worst.

- It is necessary that S (should) + 동사원형 ~

078

~해야 할 필요가 있다

할 필요가 있다.	그는 오늘 오후에 도착해야
	당신은 오늘 미팅에 참석해야
	우리는 그것을 주의 깊게 생각해야
	너는 내일까지 그 일을 끝마쳐야
	우리는 최악의 경우에 대비해야

step 2 • 패턴응용

It is necessary that ~

It is necessary that

he arrive this afternoon.

you attend the meeting today.

we consider it carefully.

you finish the work by tomorrow.

we prepare for the worst.

079

언제 ~할 거라고 생각해?

언제		거라고 생각해?
	그것이 일어날	
	우리가 이 일을 끝낼 수 있을	
	그가 그 프로젝트를 끝낼	
	그가 매니저가 될	
	첫눈이 올	

step 1 • 패턴확인

When do you think ~?

When do you think
- it will happen?
- we can finish this work?
- he'll complete the project?
- he'll become a manager?
- we will have first snow?

언제 ~할 거라고 생각해?

언제	거라고 생각해?

그것이 일어날

우리가 이 일을 끝낼 수 있을

그가 그 프로젝트를 끝낼

그가 매니저가 될

첫눈이 올

step 2 • 패턴응용

When do you think ~?

When do you think
- it will happen?
- we can finish this work?
- he'll complete the project?
- he'll become a manager?
- we will have first snow?

만약 ~라면 어떻게 되나요?

만약		어떻게 되나요?
	그가 안다면	
	그가 규칙을 어긴다면	
	그것이 합법화된다면	
	우리가 내일 떠난다면	
	그들이 내일까지 그것을 끝내지 못한다면	

step 1 • 패턴확인

What would happen if ~?

What would happen if
- he knew?
- he broke the rules?
- it were legalized?
- we left tomorrow?
- they didn't finish it until tomorrow?

만약 ~라면 어떻게 되나요?

| 만약 | (~라면) 어떻게 되나요? | 그가 안다면
그가 규칙을 어긴다면
그것이 합법화된다면
우리가 내일 떠난다면
그들이 내일까지 그것을 끝내지 못한다면 |

step 2 • 패턴응용

What would happen if ~?

What would happen if
- he knew?
- he broke the rules?
- it were legalized?
- we left tomorrow?
- they didn't finish it until tomorrow?

081

그녀는 마치 ~처럼 말한다

그녀는 마치		처럼 말한다.
	모든 것을 아는 것	
	그것에 대해 모든 것을 아는 것	
	그를 본 것	
	전에 그 영화를 본 것	
	그때 그 문제를 푼 것	

step 1 • 패턴확인 □

She talks as if ~

She talks as if
- she knew everything.
- she knew all about it.
- she had seen him.
- she had seen the film before.
- she had solved the problem then.

081

그녀는 마치 ~처럼 말한다

그녀는 마치   처럼 말한다.

모든 것을 아는 것

그것에 대해 모든 것을 아는 것

그를 본 것

전에 그 영화를 본 것

그때 그 문제를 푼 것

step 2 • 패턴응용

She talks as if ~

She talks as if
- she knew everything.
- she knew all about it.
- she had seen him.
- she had seen the film before.
- she had solved the problem then.

082

~라면 좋을 텐데

내가 부자라면

너와 함께 있다면

그녀를 도울 수 있으면

세계 일주 여행을 할 수 있으면

그것에 대한 답을 알고 있으면

좋을 텐데.

step 1 • 패턴확인

I wish ~

I wish

I were rich.

I were with you.

I could help her.

I could travel around the world.

I knew the answer to that.

082

~라면 좋을 텐데

좋을 텐데.

내가 부자라면

너와 함께 있다면

그녀를 도울 수 있으면

세계 일주 여행을 할 수 있으면

그것에 대한 답을 알고 있으면

step 2 • 패턴응용

I wish ~

I wish
- I were rich.
- I were with you.
- I could help her.
- I could travel around the world.
- I knew the answer to that.

- **083** I want to know ~
- **084** Do you know ~?
- **085** Can you tell me ~?
- **086** Let me know ~
- **087** I'm worried about~
- **088** I'm really into~
- **089** Is there anything ~
- **090** ~ is different from …

06

확 장
패 턴

083

알고 싶어

사실을

그것을 사용하는 방법을

다음에 무슨 일이 일어날지　　**알고 싶어.**

그가 어떻게 범죄자가 되었는지

그녀가 괜찮은지

step 1 • 패턴확인

I want to know ~

I want to know	the truth.
	how to use it.
	what happens next.
	how he became a criminal.
	if she's alright.

083

알고 싶어

알고 싶어.
사실을

그것을 사용하는 방법을

다음에 무슨 일이 일어날지

그가 어떻게 범죄자가 되었는지

그녀가 괜찮은지

step 2 • 패턴응용

I want to know ~

I want to know	the truth.
	how to use it.
	what happens next.
	how he became a criminal.
	if she's alright.

084

아니?
알고 있니?

나에게 미소 짓고 있는 저 숙녀를

이 새 기계 사용법을

무슨 일이 일어났는지

우리가 얼마나 많은 시간을 보냈는지

수술이 언제 끝날지

아니?

step 1 • 패턴확인 □

Do you know ~?

Do you know
- that lady smiling at me?
- how to use this new machine?
- what happened?
- how much time we spent?
- when the surgery will be over?

084

아니?
알고 있니?

아니?

나에게 미소 짓고 있는 저 숙녀를

이 새 기계 사용법을

무슨 일이 일어났는지

우리가 얼마나 많은 시간을 보냈는지

수술이 언제 끝날지

step 2 • 패턴응용

Do you know ~?

Do you know
- that lady smiling at me?
- how to use this new machine?
- what happened?
- how much time we spent?
- when the surgery will be over?

085

~을 알려 주시겠어요?

이 드레스 가격을

이 마을의 명소를

이 문제 푸는 방법을

비행장이 어디에 있는지를

어느 역에서 갈아타야 하는지를

알려 주시겠어요?

step 1 • 패턴확인 ☐

Can you tell me ~?

Can you tell me

the price of this dress?

the famous places in this town?

how to solve this problem?

where the airport is?

at which station I should transfer?

085

~을 알려 주시겠어요?

알려 주시겠어요?

이 드레스 가격을

이 마을의 명소를

이 문제 푸는 방법을

비행장이 어디에 있는지를

어느 역에서 갈아타야 하는지를

step 2 • 패턴응용

Can you tell me ~?

Can you tell me

the price of this dress?

the famous places in this town?

how to solve this problem?

where the airport is?

at which station I should transfer?

086

~을 알려줘

너의 주소를	
너의 출발 시간을	
가능한 한 빨리 그의 결정을	**알려줘.**
그가 언제 도착하는지	
너의 출석 여부를	

step 1 • 패턴확인 □

Let me know ~

Let me know
- your address.
- the time of your departure.
- his decision as soon as possible.
- when he arrives.
- whether you will be present or not.

086

~을 알려줘

알려줘.
- 너의 주소를
- 너의 출발 시간을
- 가능한 한 빨리 그의 결정을
- 그가 언제 도착하는지
- 너의 출석 여부를

step 2 • 패턴응용

Let me know ~

Let me know
- your address.
- the time of your departure.
- his decision as soon as possible.
- when he arrives.
- whether you will be present or not.

087

~이/가 걱정이다
~할까 봐 걱정이다

그녀가	
그의 사생활이	
너를 잃을까 봐	**걱정이다.**
아이를 기숙학교에 보내는 것이	
그것이 우리의 우정에 어떤 영향을 줄지가	

step 1 • 패턴확인 □

I'm worried about~

I'm worried about
- her.
- his private life.
- losing you.
- sending my kid to boarding school.
- what it might do to our friendship.

087

~이/가 걱정이다
~할까 봐 걱정이다

걱정이다.	그녀가
	그의 사생활이
	너를 잃을까 봐
	아이를 기숙학교에 보내는 것이
	그것이 우리의 우정에 어떤 영향을 줄지가

step 2 • 패턴응용

I'm worried about~

I'm worried about	her.
	his private life.
	losing you.
	sending my kid to boarding school.
	what it might do to our friendship.

088

난 ~에 빠져있다

| 난 | 지금 내 일에
요리에
요즘 재즈에
역사 공부에
꽃 재배에 | **빠져있다.** |

step 1 • 패턴확인 □

I'm really into~

I'm really into
- my work now.
- cooking.
- jazz these days.
- studying history.
- growing flowers.

난 ~에 빠져있다

난 　　　 **빠져있다.**

지금 내 일에
요리에
요즘 재즈에
역사 공부에
꽃 재배에

step 2 • 패턴응용

I'm really into~

I'm really into
- my work now.
- cooking.
- jazz these days.
- studying history.
- growing flowers.

089

~한/할 어떤 것이 있습니까?

흥미로운	
마실	
제가 알아야 할	**어떤 것이 있습니까?**
제가 당신을 도울 수 있는	
그에게 말해야 할 중요한	

step 1 • 패턴확인 ☐

Is there anything ~?

Is there anything
- exciting?
- to drink?
- that I need to know?
- I can help you with?
- important you need to tell him?

089

~한/할 어떤 것이 있습니까?

어떤 것이 있습니까?

흥미로운

마실

제가 알아야 할

제가 당신을 도울 수 있는

그에게 말해야 할 중요한

step 2 • 패턴응용

Is there anything ~?

Is there anything
- exciting?
- to drink?
- that I need to know?
- I can help you with?
- important you need to tell him?

090

~는 …와 다르다

그는	보통 사람들과	
한국어의 어순은	영어의 어순과	
웹에서 뉴스를 보는 것은	TV에서 그것을 보는 것과	**다르다**
이것은	내가 생각했던 것과는	
그것은	네가 처음에 말했던 것과는	

step 1 • 패턴확인

~ is different from ⋯

He		ordinary people.
The word order of Korean		that of English.
Looking at news on the web	**is different from**	watching it on TV.
This		what I thought.
It		what you said at first.

090

~는 …와 다르다

그는		보통 사람들과
한국어의 어순은		영어의 어순과
웹에서 뉴스를 보는 것은	**다르다.**	TV에서 그것을 보는 것과
이것은		내가 생각했던 것과는
그것은		네가 처음에 말했던 것과는

step 2 • 패턴응용

~ is different from ···

He		ordinary people.
The word order of Korean	**is different from**	that of English.
Looking at news on the web		watching it on TV.
This		what I thought.
It		what you said at first.

091 Don't make me ~
092 I prefer ~ to ...
093 I'm curious about ~
094 I'm scared of ~
095 too ~ to ...
096 so that A can ~
097 He is/was ... enough to ~
098 A is as ~ as B
099 A is/was more ~ than B
100 It is/was ... that ~

07

기 타
패 턴

091

나를 ~하게 만들지 마

| 나를 | 화나게
미치게
웃게
다시 말하게
거짓말쟁이로 | 만들지 마. |

step 1 ● 패턴확인 ☐

Don't make me ~

Don't make me	angry.
	mad.
	laugh.
	say it again.
	a liar.

091

나를 ~하게 만들지 마

나를   **만들지 마.**

화나게
미치게
웃게
다시 말하게
거짓말쟁이로

step 2 • 패턴응용

Don't make me ~

Don't make me	angry.
	mad.
	laugh.
	say it again.
	a liar.

092

난 …보다 ~가 더 좋아

난		보다		더 좋아.
	가을		봄이	
	중고차		새 차가	
	오렌지		사과가	
	농구		야구가	
	책 읽는 것		TV보는 것이	

step 1 • 패턴확인 □

I prefer ~ to ···

I prefer	spring	to	fall.
	a new car		a used one.
	apples		oranges.
	baseball		basketball.
	watching TV		reading.

092

난 …보다 ~가 더 좋아

| 난 더 좋아. | 봄이
새 차가
사과가
야구가
TV보는 것이 | 보다 | 가을
중고차
오렌지
농구
책 읽는 것 |

step 2 • 패턴응용

I prefer ~ to ···

	spring		fall.
	a new car		a used one.
I prefer	apples	to	oranges.
	baseball		basketball.
	watching TV		reading.

093

~이/가 궁금해

네 생각이	
내 미래가	
그들이 무엇을 하는지	궁금해.
기부자가 누구인지가	
그가 여기 온 이유가	

step 1 • 패턴확인 □

I'm curious about ~

I'm curious about
- your thoughts.
- my future.
- what they do.
- who the donor was.
- the reason he came here.

093

~이/가 궁금해

궁금해.
- 네 생각이
- 내 미래가
- 그들이 무엇을 하는지
- 기부자가 누구인지가
- 그가 여기 온 이유가

step 2 • 패턴응용

I'm curious about ~

I'm curious about

your thoughts.

my future.

what they do.

who the donor was.

the reason he came here.

난 ~이 두려워

| 난 | 어둠이
나에게 뭐가 잘못됐는지 물어보는 사람들이
너를 잃는 것이
문밖으로 걸어 나가는 것이
너 없이 사는 것이 | 두려워. |

step 1 • 패턴확인 ☐

I'm scared of ~

	the dark.
	people asking me what's wrong.
I'm scared of	losing you.
	walking out the door.
	living without you.

094

난 ~이 두려워

난 두려워.

어둠이

나에게 뭐가 잘못됐는지 물어보는 사람들이

너를 잃는 것이

문밖으로 걸어 나가는 것이

너 없이 사는 것

I'm scared of ~

I'm scared of	the dark.
	people asking me what's wrong.
	losing you.
	walking out the door.
	living without you.

너무 ~해서 …할 수 없다/없었다

그 문제는		어려워서 풀	
그 책은		어려워서 읽을	**수 없다.**
그 산은	**너무**	높아서 오를	
버스가		붐벼서 탈	**수 없었다.**
그 빵은		뜨거워서 먹을	

step 1 • 패턴확인 □

too ~ to …

The problem is		hard		solve.
The book is		difficult		read.
The mountain is	**too**	high	**to**	climb.
The bus was		crowded		get in.
The bread was		hot		eat.

095

너무 ~해서 …할 수 없다/없었다

그 문제는		어려워서	풀
그 책은		어려워서	읽을
그 산은	너무	높아서	수 없다. 오를
버스가		붐벼서	탈
그 빵은		뜨거워서	수 없었다. 먹을

step 2 • 패턴응용 □

too ~ to ⋯

The problem is		hard		solve.
The book is		difficult		read.
The mountain is	**too**	high	**to**	climb.
The bus was		crowded		get in.
The bread was		hot		eat.

096

A가 ~할 수 있도록

우리가	이야기 좀 할		좀 더 가까이 앉아라.
우리가	자세히 좀 볼	수 있도록	그를 앞으로 데려오세요.
내가	멋진 풍경을 볼		창문 옆 자리이길 바랍니다.
네가	건강을 유지할		식사시간에 물을 마셔라.
내가	지나갈		너 옆으로 비켜줄 수 있니?

step 1 • 패턴확인

so that A can ~

	so that		**can**	
Sit a little closer		we		have a talk.
Please bring him forward		we		have a closer look.
I hope it's by a window		I		see the nice view.
Drink water at mealtimes		you		stay healthy.
Can you move aside		I		pass?

096

A가 ~할 수 있도록

좀 더 가까이 앉아라.	우리가		이야기 좀 할
그를 앞으로 데려오세요.	우리가		자세히 좀 볼
창문 옆 자리이길 바랍니다.	내가	수 있도록	멋진 풍경을 볼
식사시간에 물을 마셔라.	네가		건강을 유지할
너 옆으로 비켜줄 수 있니?	내가		지나갈

step 2 • 패턴응용 □

so that A can ~

Sit a little closer		we		have a talk.
Please bring him forward		we		have a closer look.
I hope it's by a window	so that	I	can	see the nice view.
Drink water at mealtimes		you		stay healthy.
Can you move aside		I		pass?

097

그는 ~할 만큼 …해/했어

그는		만큼	
	그 상자를 옮길		힘이 세.
	이제 침대에서 일어나 앉을		건강해.
	가난한 사람들을 도와줄		친절해.
	차를 살		부유해.
	그런 일을 할		어리석었어.

step 1 • 패턴확인 □

He is/was ··· enough to ~

He is	strong	**enough to**	carry the box.
	well		sit up in bed now.
	kind		help the poor.
	rich		buy a car.
He was	foolish		do such a thing.

415

097

그는 ~할 만큼 …해/했어

그는	힘이 세.	만큼	그 상자를 옮길
	건강해.		이제 침대에서 일어나 앉을
	친절해.		가난한 사람들을 도와줄
	부유해.		차를 살
	어리석었어.		그런 일을 할

He is/was … enough to ~

He is	strong	**enough to**	carry the box.
	well		sit up in bed now.
	kind		help the poor.
	rich		buy a car.
He was	foolish		do such a thing.

098

A는 B만큼 ~하다

그는	자신의 아버지		크다.
그것은	너의 손		작다.
그 물은	수정	만큼	맑다.
정신 건강은	육체 건강		중요하다.
간접흡연은	직접흡연		해롭다.

step 1 • 패턴확인

A is as ~ as B

	is as		**as**	
He		tall		his father.
It		small		your hand.
The water		clear		crystal.
Mental health		important		physical health.
Indirect smoking		harmful		direct smoking.

098

A는 B만큼 ~하다

A		B	
그는		크다.	자신의 아버지
그것은		작다.	너의 손
그 물은	만큼	맑다.	수정
정신 건강은		중요하다.	육체 건강
간접흡연은		해롭다.	직접흡연

step 2 • 패턴응용

A is as ~ as B

A				
He		tall		his father.
It		small		your hand.
The water	is as	clear	as	crystal.
Mental health		important		physical health.
Indirect smoking		harmful		direct smoking.

099

A는 B보다 더 ~하다/했다

A	B		
금은	은	**보다 더**	비싸다.
현재는	과거		중요하다.
이 책은	저 책		유용하다.
남자아이들은	여자아이들		공격적이다.
그것은	내가 상상했던 것		아름다웠다.

step 1 • 패턴확인 □

A is/was more ~ than B

Gold	**is more**	expensive		silver.
The present	**is more**	important		the past.
This book	**is more**	useful	**than**	that one.
Boys	**are more**	aggressive		girls.
It	**was more**	beautiful		I had imagined.

423

099

A는 B보다 더 ~하다/~했다

A		B
금은		비싸다.
현재는		중요하다.
이 책은	더	유용하다.	보다
남자아이들은		공격적이다.
그것은		아름다웠다.

은
과거
저 책
여자아이들
내가 상상했던 것

step 2 • 패턴응용

A is/was more ~ than B

Gold	**is more**	expensive		silver.
The present	**is more**	important		the past.
This book	**is more**	useful	**than**	that one.
Boys	**are more**	aggressive		girls.
It	**was more**	beautiful		I had imagined.

100

~한 것은 …다/…이었다

책임을 져야 할	**사람은**	너	**다.**
우리를 동물과 구분되게 하는	**것은**	이러한 욕구	
창문을 깬		존	**이었다.**
내가 여기 도착한	**것은**	어제	**였다.**
온도계가 발명된		16세기	**였다.**

step 1 • 패턴확인

It is/was ··· that ~

It is	you	that	are to blame.
	this desire		makes us different from the animals.
	John		broke the window.
It was	yesterday		I arrived here.
	in the 16th century		the thermometer was invented.

100

~한 것은 …다/…이었다

다.	너	**사람은**	책임을 져야 할
	이러한 욕구	**것은**	우리를 동물과 구분되게 하는
이었다.	존		창문을 깬
였다.	어제	**것은**	내가 여기 도착한
였다.	16세기		온도계가 발명된

step 2 • 패턴응용

It is/was ⋯ that ~

It is	you		are to blame.
	this desire		makes us different from the animals.
It was	John	that	broke the window.
	yesterday		I arrived here.
	in the 16th century		the thermometer was invented.